살아 있는 지구의 얼굴

글 김동광 | 그림 이형진

아이세움

지구의 아침

멀리 태양에서 나오는 빛을 받으며
밝게 웃고 있는 이 얼굴은 누굴까요?
아, 우리가 살고 있는 지구입니다.

푸른 별 지구

우주에서 바라본 지구의 얼굴은 정말 아름다워요.
햇빛에 반사된 푸른 바다와 흰 구름이 어우러져
지구는 푸른색으로 빛나지요.
만약 다른 별에 사는 외계인이 우리 지구를 처음 본다면
푸른 별이라고 부를 거예요.

태양계 가족

태양처럼 스스로 빛을 내는 별을 항성이라고 하지요. 그리고 수성이나 금성, 화성처럼 태양 빛을 받아서 빛나는 별을 행성이라고 합니다.
옛날에는 항성을 붙박이별, 행성을 떠돌이별이라고 불렀지요.

이렇게 지구가 아름다운 까닭은
지구 표면을 덮고 있는 바다와 대기 덕분이지요.
태양계의 가족인 여덟 행성 중에서
바다와 대기가 있는 행성은 지구뿐이랍니다.

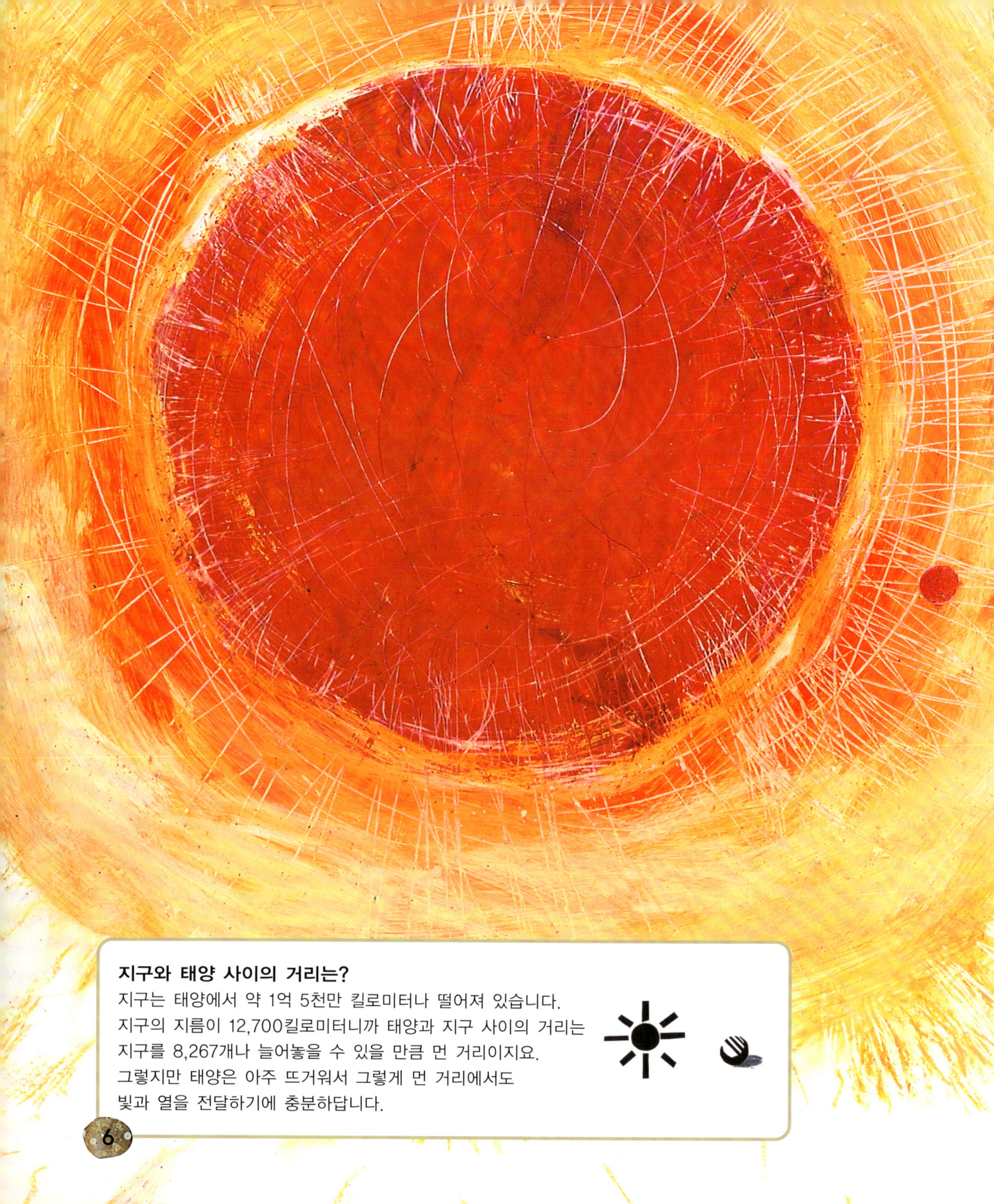

지구와 태양 사이의 거리는?
지구는 태양에서 약 1억 5천만 킬로미터나 떨어져 있습니다. 지구의 지름이 12,700킬로미터니까 태양과 지구 사이의 거리는 지구를 8,267개나 늘어놓을 수 있을 만큼 먼 거리이지요. 그렇지만 태양은 아주 뜨거워서 그렇게 먼 거리에서도 빛과 열을 전달하기에 충분하답니다.

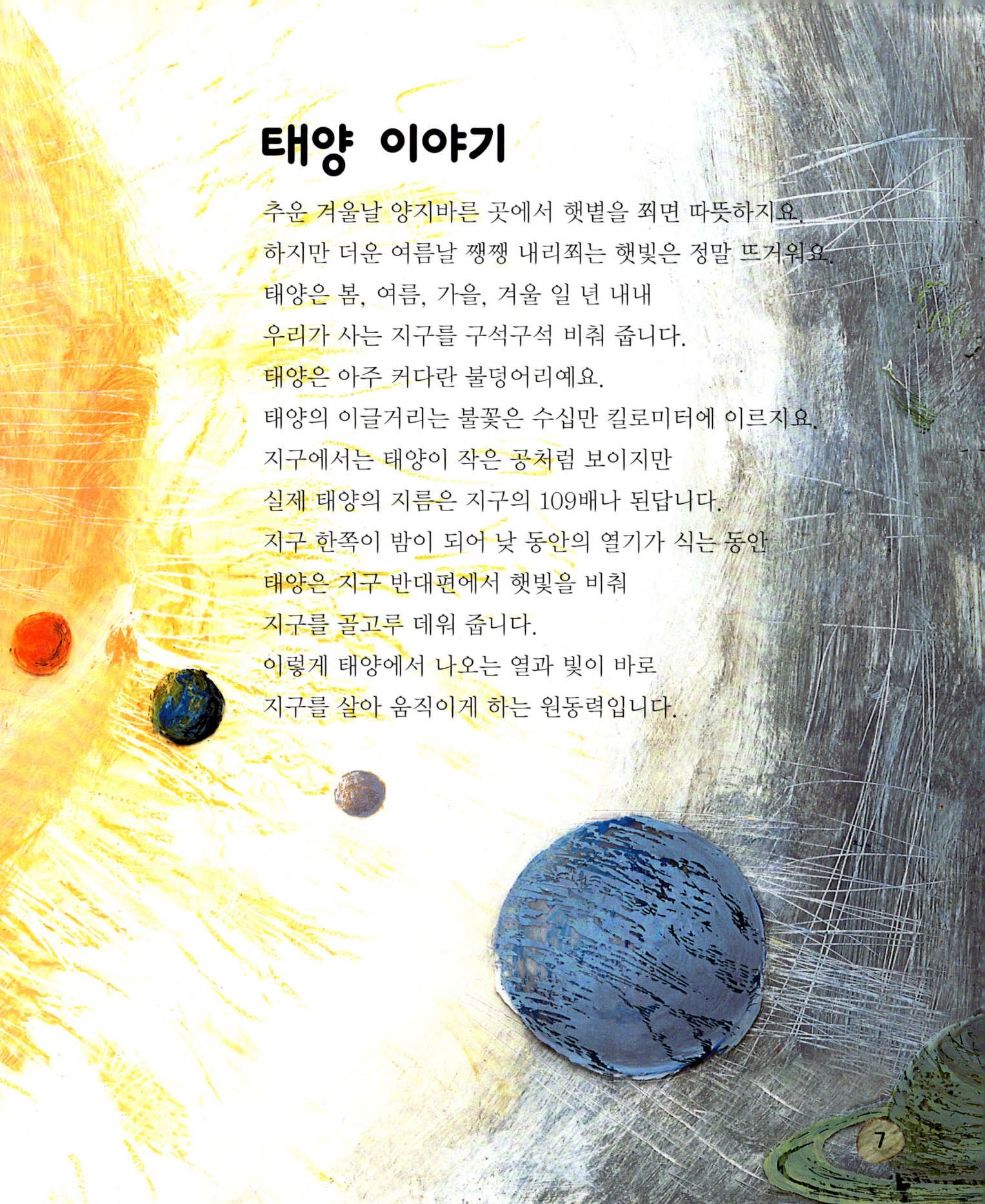

태양 이야기

추운 겨울날 양지바른 곳에서 햇볕을 쬐면 따뜻하지요.
하지만 더운 여름날 쨍쨍 내리쬐는 햇빛은 정말 뜨거워요.
태양은 봄, 여름, 가을, 겨울 일 년 내내
우리가 사는 지구를 구석구석 비춰 줍니다.
태양은 아주 커다란 불덩어리예요.
태양의 이글거리는 불꽃은 수십만 킬로미터에 이르지요.
지구에서는 태양이 작은 공처럼 보이지만
실제 태양의 지름은 지구의 109배나 된답니다.
지구 한쪽이 밤이 되어 낮 동안의 열기가 식는 동안
태양은 지구 반대편에서 햇빛을 비춰
지구를 골고루 데워 줍니다.
이렇게 태양에서 나오는 열과 빛이 바로
지구를 살아 움직이게 하는 원동력입니다.

물의 행성

지구 표면의 3분의 2는 바다로 덮여 있어요.
태양계의 행성들 중에서 지구에만 바다가 있습니다.
그러니 지구를 물의 행성이라고 부를 만도 하지요.
바다는 푸른 별 지구의 얼굴입니다.
그렇다면 바다는 어떻게 생겨났을까요?

생물의 고향, 바다
바다는 모든 생물의 고향입니다.
우리의 먼 조상이 되는 생물도 바다에서 처음 생겨났지요.
바다와 대기 덕분에 지금 우리가 볼 수 있는
식물과 동물이 탄생할 수 있었지요.

내 조상 이라구?

지구의 얼굴, 바다

지구가 처음 만들어졌을 때
원시 지구는 엄청난 양의 수증기로
둘러싸여 있었습니다.

그 후 뜨거운 지구가 식으면서
수증기는 비가 되어 내렸어요.

아마도 몇 년이고 계속
장대 같은 비가 퍼부었을 거예요.

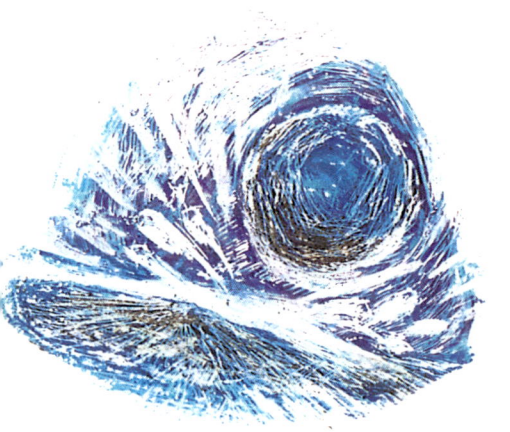

빗물은 땅을 적시고 최초의 강이 되어 흘러
가장 낮은 곳에 고여 바다를 이루기 시작했지요.

대기

우리 주위 어디에든 공기가 있지요.
우리는 공기 속에서 숨쉬며 살아갑니다.
사람도, 동물도, 식물도 공기가 없으면 살 수 없어요.
공기는 지구 위 수백 킬로미터까지 아주 두텁게
여러 층을 이루고 있어요.
이렇게 여러 층을 이루는 공기를 대기라고 부르지요.

높이 올라갈수록 공기는 점점 희박해집니다.
에베레스트 산처럼 높은 산을 오를 때
산소 마스크를 쓰는 것은 그 때문이지요.

대기는 어떻게 이루어져 있나
대기는 몇 개의 층으로 이루어져 있어요.
구름이 발생하고 비행기가 나는 곳은 대류권,
그 다음은 성층권, 그 다음은 중간권,
그 다음은 열권이라고 하지요.

지구의 보호복

대기는 우리가 숨 쉬는 산소를 줄 뿐 아니라
우주 공간에서 날아오는 해로운 방사선을 막아 주지요.
대기는 지구를 감싸 생물을 보호해 주는
커다란 투명 우산인 셈이에요.
대기권을 벗어나는 우주 비행사들은
두꺼운 우주복을 입어서 몸을 보호하지요.

오존층과 오존 구멍
오존층은 먼 우주 공간에서 날아오는 해로운 방사선을 막아 주는 역할을 해요. 그런데 대기가 오염되어 오존층이 점점 줄어들고 있어요. 우리를 보호해 주는 우산에 구멍이 뚫리고 있는 셈이지요. 대기 오염은 우리가 마시는 공기를 더럽힐 뿐 아니라 생물을 보호해 주는 대기 우산까지 망친답니다.

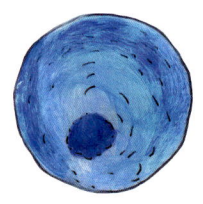 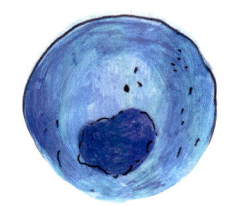 

함께 만들었어요

처음 지구가 탄생했을 때의 공기는
지금 우리가 숨 쉬는 공기와 무척 달랐답니다.
가장 큰 차이는 우리가 살아가는 데 필요한
산소가 없었다는 점이지요.

맨 처음 원시 지구의 바닷속에서 태어난 작은 생물들이
이산화탄소를 들이마시고 산소는 몸 밖으로 내놓으면서
원시 대기를 지금의 공기로 바꾸어 놓았어요.
그러니까 공기는 지구와 생물들이
함께 만들어 낸 작품입니다.

물고기와 잠수부
물고기가 물 속에서 사는 것처럼 우리는 공기 속에서 살아갑니다.
물고기가 물 밖으로 나오면 살 수 없듯이
사람도 공기가 없는 우주 공간에서는 잠시도 살 수 없어요.

바람, 바람, 바람

바람에는 정말 여러 가지 종류가 있습니다.
더위를 식혀 주는 산들바람,
산 위에서 골짜기로 흐르는 산바람,
골짜기에서 산 위로 부는 골바람,
거세게 몰아치는 회오리바람,
태풍과 함께 찾아오는 싹쓸바람.

바람은 왜 불까요?
여름철 바닷가에 가면 바람이 시원하게 붑니다.
낮에는 바다에서 육지로, 밤에는 육지에서 바다로.
바람이 부는 까닭은 공기의 밀도가 다르기 때문입니다.
낮에 바다의 공기보다 빨리 데워진
육지의 공기가 가벼워져서 하늘로 올라가면,
서늘한 바다의 공기가 그 자리로 밀려들어 해풍이 붑니다.
밤에는 반대로 육풍이 불지요.

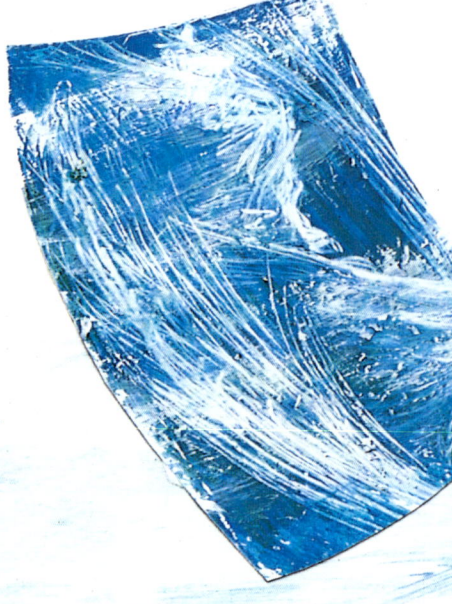

하늘에서 본 태풍

지구 주위를 도는 인공 위성에서 찍은
태풍의 모습을 본 적이 있나요? 정말 굉장하지요.
늦여름에 우리 나라를 찾아오는 태풍은
강한 바람과 함께 큰비를 몰고 와서
때로는 사람들이 죽고 집이 떠내려가기도 합니다.

아무리 과학이 발달해도
태풍을 막을 수는 없답니다.
태풍은 자연의 힘이 얼마나 큰지 알려 줍니다.

돌고 도는 물

지구상의 물은 잠시도 쉬지 않고 돕니다.
비와 눈은 내려서 강물이 되어 바다로 흘러가고,
바다, 땅, 동물, 식물로부터 나온 물은
다시 작은 물방울이 되어 공기 중으로 들어갑니다.
물이 증발해서 구름이 되고 비가 되어
다시 땅으로 떨어지는 과정을
'물의 순환' 이라고 합니다.

공기 중의 수증기들이
하늘로 올라가면서
차츰 차가워져 작은
물방울이 됩니다.

따뜻한 햇볕(태양열)을 받은
물방울은 공기 속으로
올라갑니다(증발).

지구의 얼굴을 바꾸어요

우당탕탕!
홍수로 불어난 성난 계곡물이
주위의 흙과 돌멩이를 휩쓸어서
흙탕물이 되어 맹렬한 기세로 내려갑니다.

작은 시내에서 큰 강물까지,
물은 땅 위를 흐르면서 엄청난 힘으로
지구의 얼굴을 바꾸어 놓습니다.

　물은 대단한 조각가예요.
　　드넓은 삼각주를 만들기도 하고
　　　폭포수로 떨어지며 깎아지른 절벽을 만들기도 합니다.
　　　땅 밑을 흐르는 지하수는
　　　　땅속에다 엄청난 작품을 만들어 놓습니다.
　　　　천장에 고드름처럼 매달린 종유석,
　　　　　땅 위로 불쑥 솟아오른 석순,
　　　　　　누군가 빚어 조각해 놓은 듯한 지하 동굴은
　　　　　　　수만 년 동안 물이 돌을 녹여 만든 것이랍니다.

바위에서 흙까지

흙은 생물이 살아가는 데 반드시 필요합니다.
하지만 흙이 만들어지기까지는 오랜 시간 동안
많은 생물의 노력이 필요합니다.

식물이 바위틈에 뿌리를 내리면 큰 바위가 갈라지고
비바람에 돌멩이가 깎이고 부서져 흙이 됩니다.
그리고 흙을 먹고 배설하는 벌레들의 몸을 거치면서
양분이 보태져 기름진 흙이 되지요.
이렇게 만들어진 흙은 식물이 자라는 데
꼭 필요한 양분을 공급해 줍니다.

사라지는 흙
소중한 흙이 해마다 엄청난 양씩 사라지고 있습니다.
사람들이 마구 나무를 베어 내고 땅을 함부로 개발하여
흙이 쉽게 빗물에 쓸려 내려가기 때문이지요.
이렇게 사라진 흙이 다시 만들어지려면 긴 시간이 걸립니다.
발끝에 채는 한 줌의 흙에도 수만 년의 세월이 담겨 있답니다.

넓어지는 사막

구름을 걷어 내고 바라본
지구의 맨얼굴이에요.
육지의 3분의 1은
사막과 같이 건조한 땅입니다.

어떤 사막은 먼 옛날에
숲이 우거진 비옥한 땅이었대요.
사막의 모래 밑에서 과거에 흘렀던
강줄기의 흔적이 발견되기도 합니다.
사람들이 자연을 파괴하면서
사막은 점점 더 넓어지고 있어요.

사막도 가지가지
사막의 모습도 여러 가지입니다.
아프리카와 북아메리카의 사막은 붉은색,
중앙아시아의 사막은 다갈색에 가깝지요.

화산 폭발

우르릉!
오랫동안 조용하던 화산이 어느 날 활동을 시작했어요.
곧 불을 뿜을 모양이에요.
여기저기에서 뜨거운 물이 솟고, 연기가 피어오릅니다.

쾅! 드디어 화산이 폭발했어요.
화산 꼭대기가 터져 통째로 하늘로 솟구치고
하늘 높이 솟은 화산재가 수십 킬로미터까지 퍼져 나갑니다.
화산재의 무게를 이기지 못해
주택의 지붕이 주저앉기도 하지요.

이글거리는 용암이 흘러내리기 시작했어요.
용암은 지나는 모든 곳을 불덩어리로 만들지요.
흘러내린 용암이 굳으면 암석이 됩니다.

화산섬이 만들어지기까지
세계에서 가장 활발한 화산 중 하나는
하와이에 있는 칼라우에아 화산이에요.
사실 이 섬은 화산 폭발로 만들어졌답니다.

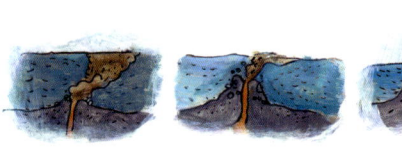

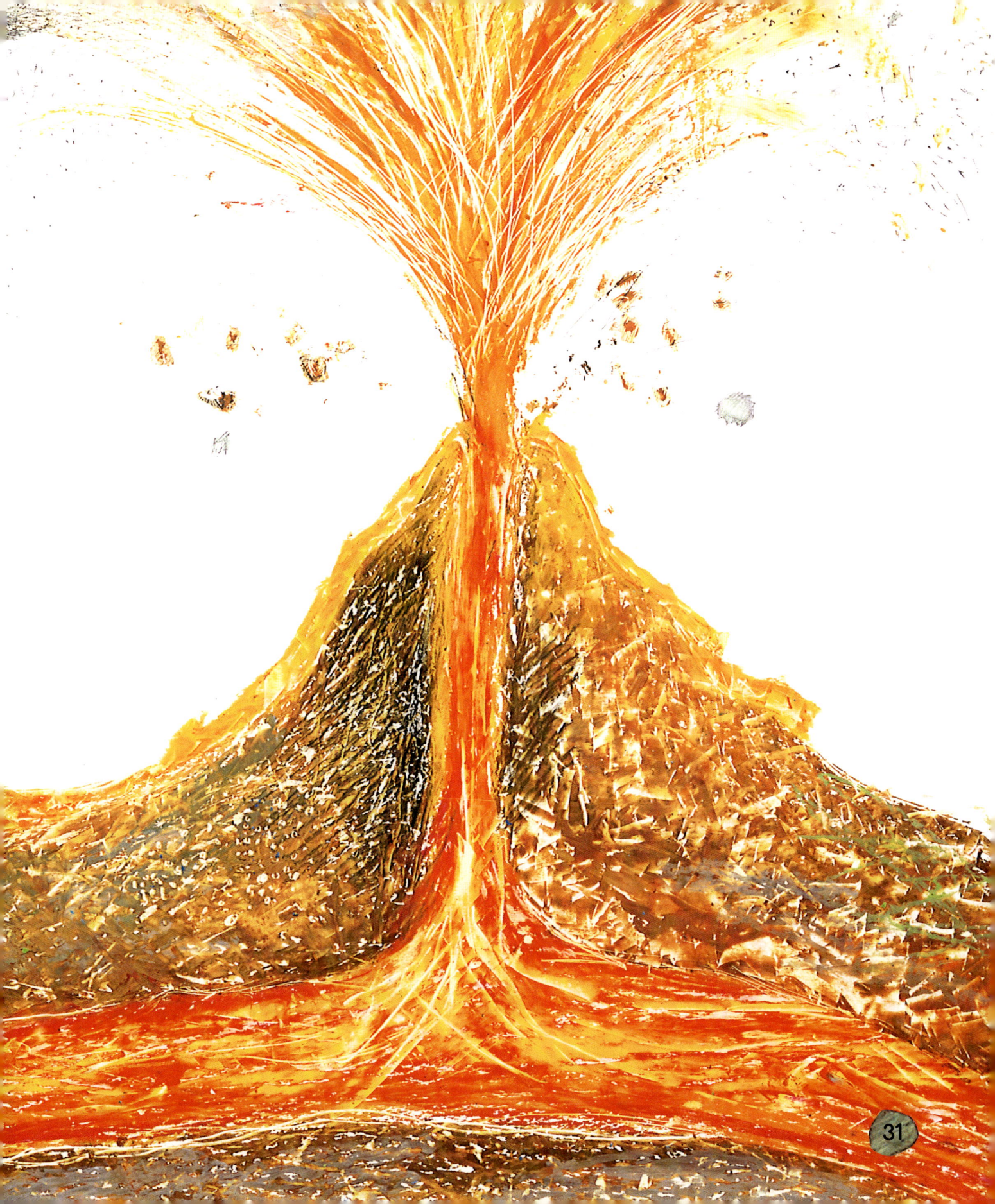

살아 움직이는 지구

우리가 살고 있는 곳은 지구의 표면이에요.
지구 표면(지각)은 사과 껍질처럼 아주 얇아요.
사과 속 깊숙이 씨가 들어 있듯이
지각 아래쪽 깊은 곳에는 핵이 있습니다.

이 핵은 암석이 아니라 철과 니켈로 이루어져 있답니다.
지구가 처음 만들어질 때 무거운 금속이
지구 중심으로 가라앉으면서 핵이 생기게 되었지요.

그 바깥쪽에는 녹아 있는 암석으로 이루어진 층이 있습니다.
그 녹아 있는 암석이 지각의 얇은 곳을 뚫고
솟아오르는 것이 화산이지요.

깨진 지구본
만약 지구본을 깨뜨리듯이 지구를 깨뜨려 본다면
그 속은 이런 모양으로 되어 있을 거예요.
우리가 살고 있는 곳(지각)은 그 중에서도
지구본 껍질에 해당하는 맨 바깥쪽 표면이에요.

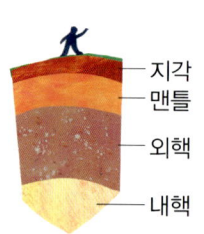
지각 / 맨틀 / 외핵 / 내핵

땅이 흔들려요

지진이 일어날 때면 쥐들이 안절부절못하며 움직이고
그밖의 동물도 평소와 다른 행동을 하지요.
심한 지진이 일어나면 건물이 쓰러지고
땅이 갈라지기도 합니다.
사실 지각은 하나로 이어진 땅덩어리가 아니라
여러 장의 판이 맞대어진 것이에요.

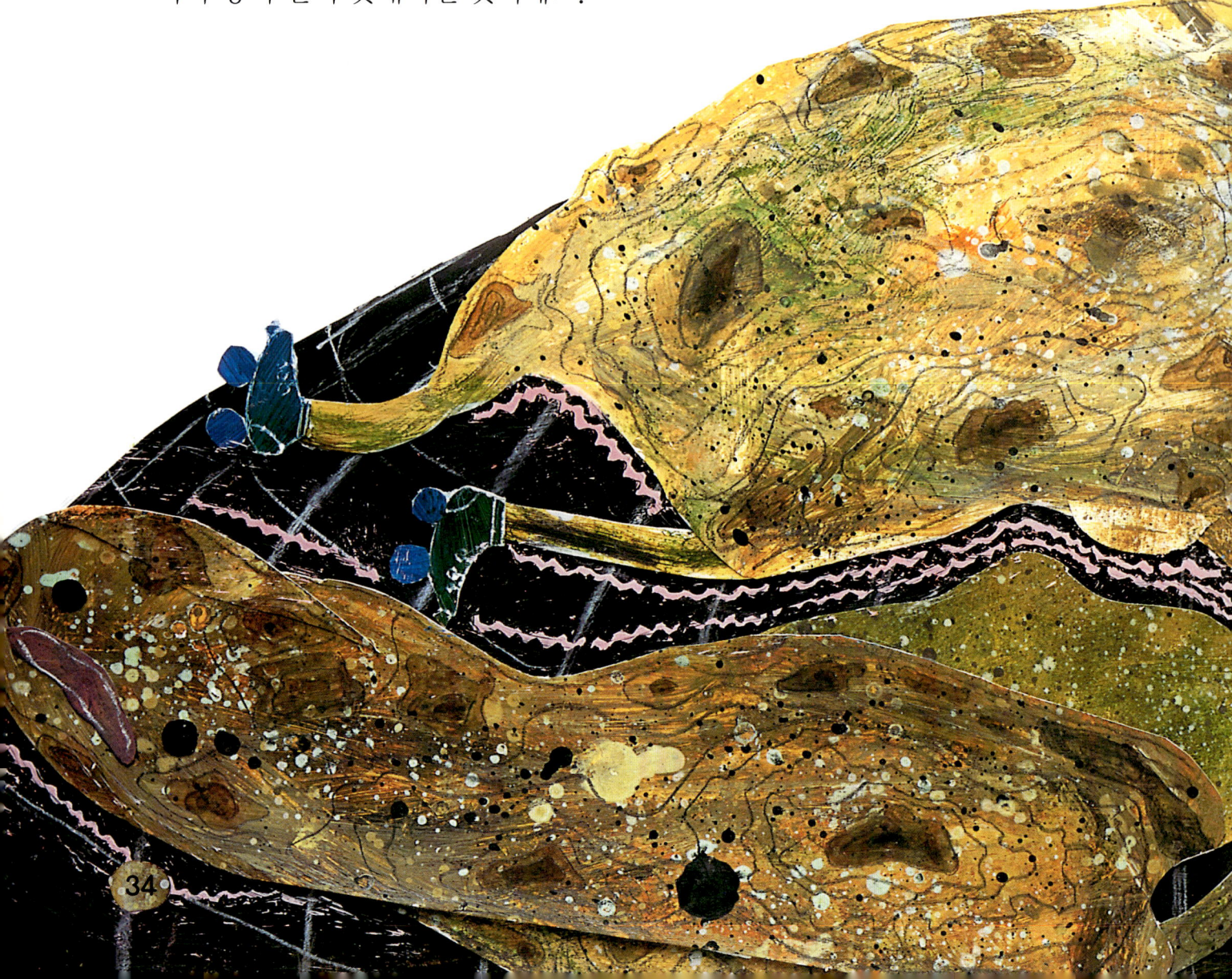

그 판들이 서로 부딪쳐서 미끄러질 때 지진이 일어납니다.
우리 나라는 큰 지진이 자주 일어나지 않아서
잘 느끼지 못하지만, 우리가 느끼지 못하는 지진이
한 해에도 수천 번씩 일어나고 있답니다.
지구가 끊임없이 활동하고 있다는 증거이지요.

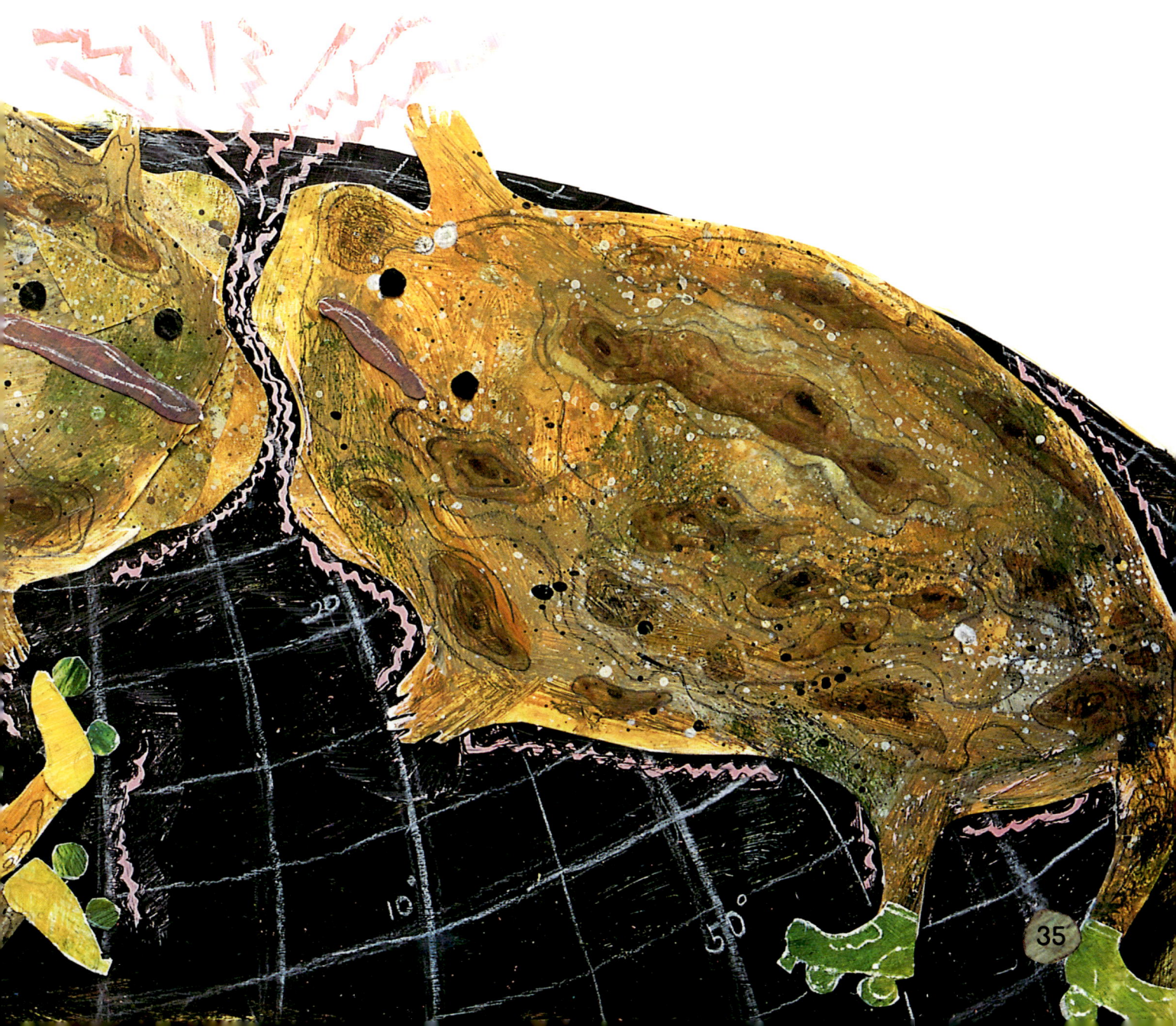

신비로운 바닷속 화산

물고기들이 한가롭게 헤엄치는 바닷속,
그러나 바닷속 깊은 곳에서도
지구는 꿈틀거리고 있답니다.

바닷속에도 산과 골짜기가 있어요.
가장 깊은 골짜기(해구)는 에베레스트 산이 들어가고도 남는답니다.
바닷속 산맥은 새로운 지각이 만들어지는 곳입니다.
깊은 땅속에서 솟아오른 용암이
바닷물에 식어 암석이 되면서 새로운 지각이 생겨나지요.
그 주변에서는 뜨거운 물이 마치 연기처럼 시꺼멓게 솟아오릅니다.

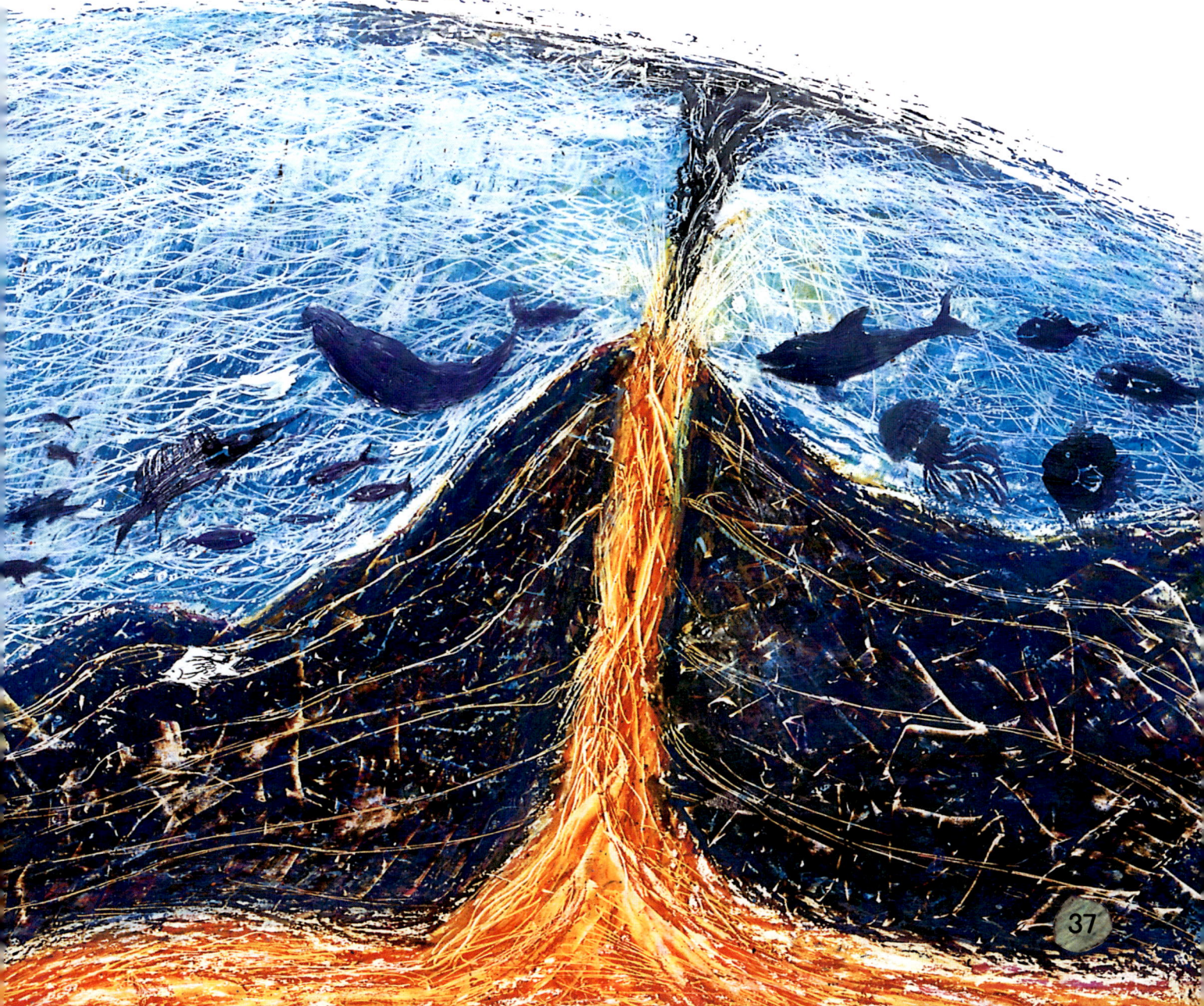

뽕나무 밭이 바다로

지금 우리가 살고 있는 곳이
과거에는 깊은 바닷속이었을지도 모릅니다.
한때는 바다였던 곳이 솟아올라
높은 산이 되기도 하니까요.
산꼭대기에서 조개나 물고기의 화석이
발견되는 것은 그 때문이지요.
높은 산도 수백만 년이 지나면
가라앉아 깊은 바다로 변할 수 있어요.

지구의 모습을 바꾸는 생물들

지구에는 정말 다양한 생물들이 있어요.
추운 남극과 북극에서
뜨거운 화산의 분화구 속까지,
수백만 종이나 되는 생물들이 지구 구석구석을
남김없이 메우고 있지요.

이 크고 작은 생물들은
한 순간도 쉬지 않고
지구의 얼굴을
바꾸어 놓고 있답니다.

사람은 생물 중에서
가장 늦게 나타났지만
지구의 얼굴을 가장 크게
바꾸어 놓았습니다.

> **다양한 생물들**
> 생물은 크게 동물과 식물로 나누거나, 동물과 식물, 미생물로 나눌 수 있어요. 지구상에는 천만 종 이상의 생물이 있는 것으로 예상되고, 지금까지 기록된 생물의 종류만 해도 150만 종이 넘어요. 이러한 다양성은 생물의 중요한 특성이지요.

다양한 생물 자원

우리가 얻는 생활 속의 모든 것들은
대부분 생물로부터 얻어요.
코코아는 카카오나무에서,
따뜻한 스웨터는 양털로부터…….
꽃이 열매를 맺기 위해서는
꽃가루를 옮겨 주는
나비나 벌이 있어야 하지요.
산소를 호흡하려면
식물이 있어야 하고요.

이렇게 생물들은 서로 도움을 주며
살아가고 있지요.

먹이 피라미드

태양 에너지가 생물의 몸 속을 '먹이'라고 하는 형태로 차례차례 이동해 가는 과정을 '먹이 사슬'이라고 해요. 태양 에너지를 받아 스스로 양분을 만드는 녹색 식물을 생산자, 생산자를 먹는 초식 동물을 1차 소비자, 초식 동물을 잡아먹는 육식 동물을 2차 소비자라고 불러요. 각각의 생물 수는 위로 올라가면서 줄어들어 피라미드 모양을 이루는데 이것을 먹이 피라미드라고 부르죠.

에너지의 근원 태양

지구에 다양한 생물들이 번성할 수 있는 것은
모두 태양 덕분입니다.
생물들이 살아 움직일 수 있는 양분이나
몸을 따뜻하게 해 주는 열기까지
모두 태양에서 온 것이지요.

지구와 생물의 대합창

환경이 생물의 생활에 영향을 주는 것처럼
생물도 주위 환경에 영향을 주지요.
주위 환경에 가장 큰 영향을 주는 것은
인간이에요.
우리 인간의 생활이 변화하면서
자연 환경도 많이 파괴되었어요.
하지만 인간 역시 자연의 일부분이에요.
자연을 지켜 나가기 위해서는 우리의 노력이
많이 필요하답니다.

살아 움직이는 지구

약 45억 년 전에 처음 탄생한 이후 지금까지, 지구는 계속 모습을 바꾸어 왔습니다. 아름다운 지구의 모습은 수십억 년 동안 태양과 지구, 그리고 생물들이 함께 만들어 온 멋진 작품입니다. 그렇다면 지구를 살아 움직이게 하는 에너지는 어디에서 올까요? 가장 근원적인 에너지는 태양에서 옵니다. 태양은 핵융합으로 엄청난 에너지를 우주 공간으로 내뿜지요. 생명 활동이나 물의 순환을 비롯해서 지구 표면에서 일어나는 활발한 움직임은 태양열에 의한 것입니다.

다른 하나는 지구의 안쪽에 있는 핵에서 나옵니다. 지구 중심에 해당하는 내핵은 고체 상태로 온도가 무려 섭씨 4700도나 되지요. 내핵을 감싸고 있는 외핵은 녹아 있는 액체 상태로 온도는 섭씨 3500도에서 4000도 가량입니다. 더 온도가 높은 내핵이 고체인 까닭은 엄청난 압력 때문입니다. 핵은 대부분 철이나 니켈 같은 무거운 금속으로 이루어져 있을 것으로 생각됩니다.

핵의 뜨거운 열이 암석으로 이루어진 맨틀에 전달되고, 이 열로 지구 내부에서 암석들이 느린 속도로 순환합니다. 뜨거운 맨틀은 지표로 상승하고, 냉각된 맨틀은 밀도가 높아져서 다시 아래로 내려가는 식이지요. 지구 표면이 멈춰 있지 않고 계속 이동하는 것은 그 때문입니다. 철로 이루어져 있고 액체 상태인 뜨거운 외핵이 회전하면서 마치 발전기처럼 주변에 전자기장을 일으키지요. 그래서 지구는 하나의 자석처럼 움직이고, 그 때문에 우리가 나침반으로 방향을 알 수 있는 것입니다.

끊임없이 이동하는 지구 표면

지구 표면은 7개의 큰 판과 12개의 작은 판들이 서로 맞물려 있지요. 이 사실을 처음 알아낸 사람은 독일의 지구물리학자 알프레드 베게너입니다.
그는 아프리카 대륙과 남아메리카 대륙의 해안선이 일치한다는 것을 보고 과거에 모든 대륙이 '팡게아'라는 하나의 거대한 대륙이었을 것이라고 생각했지요. 판들은 1년에 약 15센티미터의 느린 속도로 끊임없이 움직이면서 지구의 얼굴을 새롭게 바꾸어 놓습니다. 판들이 서로 만나거나 멀어지면 산맥이 생기고, 바다가 만들어지지요.

지진은 왜 일어날까

판들의 경계에서 하나의 판이 다른 판 밑으로 들어갈 때 화산이 만들어지고 지진이 일어나기도 합니다. 큰 지진이 일어나면 땅이 흔들리고 집이 무너지기도 합니다. 특히 바닷속에서 지진이 일어났을 때 발생하는, 쓰나미라 불리는 거대한 지진 해일이 일어나면 많은 사람들이 목숨을 잃기도 하지요.
최근 뉴질랜드와 일본 동북부에서 큰 지진이 일어났지요. 이 두 곳은 환태평양 지진대에 속해 있는데, 고리 모양을 하고 있어서 '불의 고리'라는 별명으로 불리기도 하는 곳입니다. 이 지역에서 큰 지진이 많이 일어나는 까닭은 해양판인 태평양판이 유라시아판이나 오스트레일리아판 등과 계속 충돌을 일으키기 때문입니다.
큰 지진이 일어난 다음에는 여진이라 불리는 그보다 작은 규모의 지진이 연달아 일어나곤 합니다. 충돌하면서 뒤틀린 판들이 다시 균형을 이루고 자리를 잡으려면 많은 시간이 걸리기 때문이지요. 다행히 우리나라는 지진이 자주 일어나는 지역은 아니지만, 앞으로도 큰 지진이 일어나지 않는다는 보장은 없기 때문에 언제나 지진에 대비해야 합니다.

공기는 무엇으로 이루어져 있을까

지구 바깥층의 대기는 여러 층으로 이루어진 공기입니다. 지구가 처음 탄생했을 때의 공기는 지금과 달랐지만, 지금 우리가 숨 쉬는 공기는 질소가 약 78퍼센트, 산소가 20퍼센트 가량이고 나머지는 아르곤, 이산화탄소, 네온, 헬륨 등으로 이루어져 있습니다. 대기는 거의 화학적으로 일정하지만, 높이 올라갈수록 밀도가 떨어지지요.
대기는 여러 층으로 이루어져 있는데, 이처럼 뚜렷한 층을 이루는 것은 밀도 차이 때문입니다.

기후를 결정하는 대기와 해류의 순환

대기는 단지 우리가 숨 쉬는 데만 필요한 것이 아닙니다. 대기는 계속 순환하면서 적도 지방의 뜨거운 열을 위도가 높은 추운 지방으로 날라 주고, 극지방의 차가운 공기를 다시 적도로 옮겨 줍니다. 무역풍이나 편서풍이 일정한 방향으로 부는 까닭은 이러한 대기의 규칙적인 순환 때문입니다. 이 같은 대기의 순환으로 바닷물의 흐름, 즉 해류가 만들어지지요.
대기의 순환과 해류는 지구의 기후에 아주 큰 영향을 줍니다. 특히 지표면의 거의 70퍼센트를 이루고 있는 바다는 기후를 조절하는 데 중요한 역할을 하지요.
물은 육지에 비해 훨씬 늦게 데워지고 차가워집니다. 만약 바다가 없었다면 지구는 낮에는 훨씬 더울 것이고, 반대로 밤이 되면 혹독하게 추워지겠지요. 바닷물의 흐름인 난류(따뜻한 물)와 한류(차가운 물)는 거대한 원을 그리며 지구를 순환하면서 지구 전체의 기온을 조절해 주는 역할을 합니다.

인간 활동이 지구에 미치는 영향

지구가 오늘날처럼 생명이 살아가기에 적합한 조건이 되기까지는 아주 오랜 시간이 걸렸습니다. 우리가 매 순간 숨쉬는 공기가 지금처럼 적당한 산소의 비율을 가지게 된 것도 수억 년 동안 바다 속에서 작은 생물들이 내놓은 산소 덕분이었습니다. 다른 생물과 마찬가지로 인간도 지구에 여러 가지 영향을 주지요.

특히 지난 수백 년 동안 이루어진 인간 활동으로 지구는 큰 변화를 겪고 있습니다. 산업 활동의 증가와 화석 연료 사용의 급증으로 배출된 이산화탄소 같은 기체는 대기를 오염시키고 지구 온도가 올라가는 온실 효과를 일으키지요. 과학자들의 조사에 따르면 지난 1백 년 동안 평균 기온이 섭씨 1.7도 올라갔다고 하지요. 물론 지구가 따뜻해지는 이유로는 인간 활동 이외에도 온도가 올라가는 자연 현상도 있습니다. 지구는 작은 빙하기를 거친 20세기 이후 조금씩 겨울이 따뜻해지는 변동기에 접어들었다고 합니다.

하지만 대부분의 기상학자들은 온난화의 주된 이유가 인간 활동 때문이라고 생각합니다. 온난화의 영향은 엄청나지요. 그 때문에 만년설이 사라지고 극지방에서는 빙하가 녹는 큰 변화가 일어나고 있어요. 남태평양의 작은 섬나라 투발루는 해수면이 자꾸 상승해서 수십 년 후에는 지구상에서 사라질 위험에 처해 있어요. 북극곰도 빙하가 녹아서 사냥을 할 수 없게 되어 멸종될 위기랍니다.

최근 자주 일어나는 기상 이변도 그런 결과 중 하나일지 모릅니다. 또한 냉장고나 에어컨디셔너의 냉매로 이용했던 염화불화탄소(CFCs)가 지구를 해로운 자외선과 방사선으로부터 보호해 주는 오존층을 파괴해서 구멍이 뚫리는 불행한 일도 일어났지요. 다행히도 많은 나라들이 힘을 합쳐 오존층에 영향을 주는 냉매를 사용하지 않기로 하면서 구멍은 더 이상 커지지 않았고 2050년쯤에는 다시 정상을 찾는다고 해요. 이처럼 인간 활동이 전혀 예상치 않게 지구의 균형을 깨뜨릴 수도 있습니다.

글 **김동광** 과학 저술가. 고려대학교 과학기술학연구소 연구 교수.
고려대학교 독문학과를 졸업했고, 같은 대학 대학원에서 과학기술사회학으로 박사 학위를 받았습니다.
'과학 기술과 사회'를 주제로 글을 쓰고 강의하고 있으며, 사회 속에서 과학 기술이 가지는 의미를 다루는
과학 그림책 쓰기를 좋아합니다. 〈발명의 세계〉, 〈과학의 발견〉등 어린이 과학책을 비롯해서
〈생명 공학과 인간의 미래〉, 〈인간에 대한 오해〉 등 많은 과학책을 쓰고 번역했습니다.

그림 **이형진**
서울대학교 산업미술학과에서 시각디자인을 공부하고 지금은 어린이를 위한 그림을 그리고 있습니다.
〈안녕?〉 시리즈, 〈코 앞의 과학〉 시리즈 등을 기획하고 그림을 그렸으며, 〈나야, 뭉치 도깨비야!〉,
〈고양이〉 등에 많은 그림을 그렸습니다.

아이과학 살아 있는 지구의 얼굴

찍은날 2011년 4월 10일 초판 1쇄 | 펴낸날 2011년 4월 30일 초판 1쇄
글쓴이 김동광 | 그린이 이형진 | 펴낸이 김영진 | 본부장 김군호 | 편집 위귀영, 조진희, 김희선, 한아름 | 디자인 이수현
홍보 황영아, 김정아, 박민수 | 관리 박진완, 송정훈, 오형식, 오경신, 장동숙, 이은비
펴낸곳 (주)미래엔 | 등록 1950년 11월 1일 제16-67호 | 주소 서울시 서초구 잠원동 41-10 | 전화 영업 3475-3840 | 편집 3475-3941
팩스 541-8249 | 홈페이지 주소 www.i-seum.com
ⓒ김동광, 이형진 2011
ISBN 978-89-378-4635-9 74400   978-89-378-4611-3 (세트)

＊잘못된 책은 바꾸어 드립니다.
＊이 도서의 국립중앙도서관 출판시도서목록(CIP)은 e-CIP 홈페이지(http://www.nl.go.kr/ecip)에서 이용하실 수 있습니다.(CIP 제어번호 : 2011001550)